CATALOGUE

des Tableaux de

MANET

formant la Collection

FAURE

GALERIES DURAND-RUEL

16, RUE LAFFITTE

Exposition

de

24 Tableaux et Aquarelles

PAR

MANET

Formant la collection

FAURE

PARIS

1—31 Mars 1906

LES descriptions des tableaux de MANET sont celles du Catalogue de la collection FAURE publié en 1902. Les dimensions des toiles, souvent inexactes dans ce catalogue et dans différents ouvrages publiés sur MANET, ont été relevées soigneusement.

CATALOGUE

1. TÊTE DE VIEILLE FEMME. 1856

Signé à gauche : M.

Toile ovale. Hauteur 50 cent. Largeur 40 cent.

Œuvre de la jeunesse de Manet rappelant l'exécution de Couture.

2. PORTRAIT D'ANTONIN PROUST. 1856

Toile. Hauteur 56 cent. Largeur 47 cent.

Cette toile doit avoir été peinte peu après la sortie de Manet de l'atelier de Couture où il avait fait la connaissance d'Antonin Proust.

3. TÊTE D'ENFANT.

Pastel. Hauteur 37 cent. Largeur 30 cent.

On peut attribuer à ce pastel approximativement la même date qu'aux deux tableaux précédents.

---

4. LA VIERGE AU LAPIN. 1859

Copie de Manet d'après le célèbre tableau du Titien au Musée du Louvre qui est ainsi décrit dans le catalogue de M. Both de Tauzia :

« La Vierge, assise à terre dans un paysage, tient un lapin blanc de la main gauche; sainte Catherine se penche vers l'Enfant Jésus. A droite, au second plan, un berger près de son troupeau. »

Signé à gauche : M., d'après T.

Toile. Hauteur 70 cent. Largeur 84 cent.

Cette reproduction est un chef-d'œuvre qui montre jusqu'à quel degré le copiste a su garder sa personnalité tout en rendant l'impression produite par l'original.

Exposition Manet 1884 (n° 2).

5. LES PETITS CAVALIERS. 1859

Copie de Manet d'après le tableau de Velasquez au Musée du Louvre qu'on nomme familièrement *Les petits Cavaliers* et qui est ainsi décrit dans le catalogue de M. Both de Tauzia :

« Treize personnages contemporains de Velasquez sont groupés en plein air. On reconnaît à gauche Velasquez et Murillo. »

Signé à droite : MANET, d'après VELASQUEZ.

Toile. Hauteur 47 cent. Largeur 77 cent.

L'observation faite au sujet de la copie d'après le Titien (n° 4) s'applique aussi à cette reproduction du charmant tableau de Velasquez.

6. LE BUVEUR D'ABSINTHE. 1859

(LE BOHÈME COLLARDET)

De grandeur nature, enveloppé d'un grand manteau brun, en pantalon gris clair et assez court pour faire voir, dans des souliers grossiers, des chaussettes de laine bleue, il est coiffé d'un chapeau haut de forme abîmé. A côté, sur le mur où il est assis, un verre rempli d'absinthe; par terre, une bouteille vide.

Signé à droite : MANET.

Toile. Hauteur 181 cent. Largeur 106 cent.

Le *Buveur d'Absinthe* a été refusé au *Salon* de 1859.

Exposition Manet 1867 (n° 29).
Exposition Manet 1884 (n° 5).

7. LE CHANTEUR ESPAGNOL. 1860

Sur un banc est assis un chanteur espagnol, pinçant sa guitare. Il porte une veste noire, une chemise blanche et un pantalon gris ; un foulard rose enserre sa tête sur laquelle est posé un grand chapeau noir. Par terre, à droite, un alcarazas, et quelques oignons ; à gauche, un bout de cigarette.

Signé à droite, sur le banc : Ed. MANET, et daté : 1860.

Bois. Hauteur 147 cent. Largeur 115 cent.

Ce tableau est connu également sous le titre " *Guitarrero* ", que Théophile Gautier lui a donné dans son compte-rendu du *Salon* de 1861.

Salon de 1861 (Mention honorable).
Exposition Manet 1884 (nᵒ 8).

———

8. LE CHANTEUR ESPAGNOL. 1864

Aquarelle du même motif que le tableau précédent, et d'une exécution admirable.

Signé à gauche : MANET.

Hauteur 29 cent. Largeur 22 cent

9. LE LISEUR. 1864

Dans un vaste fauteuil, un homme grandeur nature à mi-corps, aux cheveux gris et à la barbe blanche, est assis, penché sur un vieil in-folio dans lequel il lit, les yeux baissés, avec une profonde attention. Sa vareuse entr'ouverte laisse voir la chemise.

Signé à gauche : éd. MANET.

Toile. Hauteur 1 mètre. Largeur 81 cent.

Exposition Manet 1867 (n⁰ 27).
Exposition Universelle de Vienne 1873.
Exposition Manet 1884 (n⁰ 28).

10. LE LAPIN. 1866

Au-dessus d'une table, est suspendu par un ruban bleu, à un clou fixé dans un mur gris foncé, un lapin qu'on vient de tuer ; une tache de sang est visible sur la table. Œuvre d'une largeur de facture et d'un effet étonnant.

Signé à gauche sur le mur : Ed. MANET.

Toile. Hauteur 61 cent. Largeur 50 cent.

Exposition Manet 1867 (n⁰ 48).

11. LA PLAGE DE BOULOGNE-SUR-MER. 1869

Au delà de la plage sablonneuse, au premier plan, s'étend la mer légèrement agitée sous un ciel bleu clair. De nombreux promeneurs, des baigneurs et des enfants sont debout ou assis. Bateaux de pêche sur la mer et, à l'horizon, un vapeur. Ravissante gamme de couleurs et notation incomparable de l'impression éprouvée par l'artiste.

Signé à droite : MANET.

Toile. Hauteur 32 cent. Largeur 65 cent. 1/2.

---

12. LA BRIOCHE. 1870

Sur une commode Louis XV en bois de rose et ornée de bronzes dorés, une serviette blanche sur laquelle est posée une grande brioche piquée d'une rose blanche. La brioche est entourée de quatre pêches et de grappes de raisin, d'un petit panier rempli de prunes et d'un couteau avec lame en vermeil et manche en nacre. A côté, une boîte rouge, légèrement entr'ouverte, d'une exécution merveilleuse. Fond neutre et uni, assez foncé.

Signé à droite : MANET, et daté : 1870.

Toile. Hauteur 65 cent. Largeur 81 cent.

Exposition Manet 1884 (n° 85).

13. LE PORT DE BORDEAUX. 1871

Dans le fond, la ville ; à droite, devant les quinconces, une charrette. Sur le quai, trois débardeurs chargent un bateau amarré à gauche. Entre le premier plan et la ville, l'enchevêtrement des bateaux avec leurs mâts et leurs cheminées dans le port encombré est rendu avec une virtuosité surprenante par ce maître de la vision instantanée et exacte. Un ciel bleuâtre complète d'une façon très heureuse la belle tonalité générale du tableau.

Signé à droite : MANET.

Toile. Hauteur 66 cent. Largeur 99 cent.

Exposition Manet 1884 (n° 59).

———

14. MER AGITÉE. 1872

Sur une mer agitée, trois barques.

Signé à droite : E. M.

Aquarelle. Hauteur 15 cent. Largeur 23 cent.

———

15. MER CALME. 1872

Sur une mer calme, quatre barques. Fond très vaporeux.

Signé à droite : E. M.

Aquarelle. Hauteur 16 cent. Largeur 23 cent.

16. LE BON BOCK. 1873

Un homme d'une cinquantaine d'années — le graveur Belot — est assis à une petite table, commodément installé dans un fauteuil, fumant sa pipe et tenant d'une main un grand verre de bière, un « bock ». Les cheveux et la barbe grisonnent déjà; mais sa face rubiconde exprime au plus haut degré la joie de vivre. Il porte un veston noir, un pantalon gris, un gilet de la même couleur, mais un peu plus foncée, et un bonnet de loutre.

Signé à droite, sur le bord de la table : MANET,
et daté : 1873.

Toile. Hauteur 94 cent. Largeur 83 cent.

Salon de 1873.
Exposition Universelle de 1889.
Exposition Manet 1884 (no 67).

---

17. LES TRAVAILLEURS DE LA MER. 1873

Au premier plan, en pleine mer, un bateau de pêche, dont on ne voit qu'une partie. Trois pêcheurs l'occupent : l'un d'eux soulève un panier de poisson ; à côté de lui, le patron du bateau vient de larguer la voile, tandis que le troisième est assis sur le bastingage.

Signé dans le bas, vers le milieu : MANET.

Toile. Hauteur 65 cent. Largeur 81 cent.

18. AU CAFÉ-CONCERT. 1874

Un petit café-concert à Montmartre. Au premier plan, devant une table, est assis un homme déjà âgé, les cheveux et la barbiche tout blancs, — c'est le modèle bien connu dont Manet s'est servi pour ses *Polichinelles* — en redingote noire, un chapeau haut de forme sur la tête. Devant lui un verre de bière ; à ses côtés s'est attablée une fille galante de la banlieue, en corsage gris, la cigarette à la main. Derrière cette femme, une servante, en corsage noir et tablier blanc, boit un bock ; plus loin, plusieurs consommateurs. Au fond, à gauche, la figure d'une chanteuse.

Signé à gauche : MANET.

Toile. Hauteur 46 cent. Largeur 38 cent.

19. LE GRAND CANAL DE VENISE. 1875

Un coin du Grand Canal. Au premier plan, à côté d'une barque et devant un palais bordant le canal, deux grands poteaux, peints en blanc et bleu, qui servent à amarrer les gondoles. La transparence, la limpidité du ciel et de l'eau sont rendues avec une maëstria vraiment surprenante.

Signé sur la barque, à gauche : MANET.

Toile. Hauteur 57 cent. Largeur 48 cent.

Cette étude a été faite pendant le séjour de Manet à Venise en 1875. Elle a servi pour le tableau analogue que possède M. H. O. Havemeyer, à New-York.

20. ROSES ET LILAS. 1880

Dans un vase de cristal, des roses jaunes et rouges, des lilas blancs et lilas, largement traités et rendus avec une vérité et une fraîcheur remarquables.

Signé à droite : MANET.

Toile. Hauteur 56 cent. Largeur 35 cent.

Exposition Manet 1884 (n° 99).

———

21. LES PÊCHES. 1880

Huit pêches sont posées sur une semelle garnie de feuilles. D'une exécution admirable.

Signé à droite : MANET.

Toile. Hauteur 29 cent. Largeur 40 cent.

Exposition Manet 1884 (n° 98).

———

22. PORTRAIT D'HENRI ROCHEFORT. 1881

Le fameux pamphlétaire est représenté en buste, grandeur nature, tourné de trois quarts à gauche. Les bras sont croisés sur la redingote noire; les cheveux gris forment le légendaire toupet.

Signé à droite : MANET, et daté : 1881.

Toile. Hauteur 82 cent. Largeur 67 cent.

Salon de 1881.
Exposition Manet 1884 (n° 108).

23. LE PRINTEMPS. 1881

Une jeune femme — Jeanne *** — délicieux type de Parisienne, dans un paysage printanier. Elle porte une robe claire, avec un semis de petites fleurs et un petit chapeau fixé par un large ruban noir qui est noué sous le menton ; de sa main gantée, elle tient une ombrelle blanche garnie de dentelles avec manche noir.

Signé à gauche : MANET, et daté 1881.

Toile. Hauteur 74 cent. Largeur 51 cent.

Ce morceau, qui est aussi connu sous le titre de *Jeanne*, était le premier d'une série inachevée de quatre tableaux sur lesquels de belles Parisiennes devaient figurer les quatre saisons. Manet a encore représenté l'automne pour lequel la gracieuse Méry Laurent a posé ; ce tableau a été légué par M⁰ᵉ Méry Laurent au Musée de Nancy. L'été et l'hiver n'ont pas été exécutés.

Salon de 1882.

Exposition Manet 1884 (nᵒ 104).

24. LA MAISON DE RUEIL. 1882

La maison du vaudevilliste Labiche à Rueil, habitée par Manet pendant l'été 1882.

Façade d'une maison de campagne avec des persiennes aux fenêtres et, au milieu, une porte avec colonnes surmontée d'un fronton triangulaire, en partie masquée par un grand acacia. Au premier plan, devant la maison, une pelouse; vers la gauche, une corbeille de plantes à feuillage coloré.

Signé à gauche : MANET, et daté : 1882.

Toile. Hauteur 92 cent. Largeur 73 cent.

Il existe de ce tableau une réplique dans les mêmes dimensions, mais en largeur.

ERVANN

83, Rue Richelieu

PARIS

www.ingramcontent.com/pod-product-compliance
Lightning Source LLC
Chambersburg PA
CBHW061805040426
42447CB00011B/2493